CONFÉRENCES
DE L'EXPOSITION UNIVERSELLE INTERNATIONALE DE 1889.

CONTRIBUTION DE L'ARCHITECTE
À LA SALUBRITÉ
DES MAISONS ET DES VILLES,

PAR

M. ÉMILE TRÉLAT,
PROFESSEUR AU CONSERVATOIRE DES ARTS ET MÉTIERS,
DIRECTEUR DE L'ÉCOLE SPÉCIALE D'AGRICULTURE.

19 JUILLET 1889.

PARIS.
IMPRIMERIE NATIONALE.

M DCCC XC.

CONTRIBUTION DE L'ARCHITECTE

À LA SALUBRITÉ

DES MAISONS ET DES VILLES.

CONFÉRENCES

DE L'EXPOSITION UNIVERSELLE INTERNATIONALE DE 1889.

CONTRIBUTION DE L'ARCHITECTE
À LA SALUBRITÉ
DES MAISONS ET DES VILLES,

PAR

M. ÉMILE TRÉLAT,

PROFESSEUR AU CONSERVATOIRE DES ARTS ET MÉTIERS,

DIRECTEUR DE L'ÉCOLE SPÉCIALE D'AGRICULTURE.

19 JUILLET 1889.

PARIS.

IMPRIMERIE NATIONALE.

M DCCC XC.

CONTRIBUTION DE L'ARCHITECTE

À LA SALUBRITÉ

DES MAISONS ET DES VILLES.

Messieurs,

L'hygiène protège la santé de l'homme dans les diverses conditions de son existence. Elle est ainsi comptable des problèmes relatifs aux *régimes* de sa personne et des problèmes relatifs aux *milieux* dans lesquels elle se trouve. Il est bien entendu qu'aujourd'hui il ne sera nullement question des régimes; je serais en effet bien outrecuidant si je me permettais de traiter un sujet qui appartient exclusivement aux médecins. Je ne vous parlerai que des milieux.

A vrai dire, les milieux favorables à la santé constituent toute la salubrité. Mais qu'est-ce qu'un milieu favorable à la santé? C'est un milieu dans lequel se trouvent réunis tous les facteurs extérieurs de la santé. Ceux-ci sont au nombre de cinq, et vous les connaissez bien. Je les nomme : *l'Air, la Lumière, la Chaleur, l'Eau, le Sol.*

L'Air est le grand pourvoyeur de vie. Respirer c'est vivre; expirer c'est mourir. Je ne vous étonne pas en appelant l'air le premier facteur de la salubrité.

La Lumière. — Je n'en parlerai qu'au point de vue physiologique, en laissant de côté le superbe phénomène qui se prend par les yeux, la forme des choses. En fait de salubrité, la lumière est l'excitateur, le solliciteur de toutes les perceptions, de toutes les actions vitales. Cette définition n'a rien d'excessif; vous pouvez l'adopter; elle est absolument juste.

La Chaleur. — C'est le régulateur du fonctionnement physiologique du corps.

L'Eau. — En dehors de son intervention dans les boissons et les aliments, l'eau est le séparateur, l'exportateur de tous les déchets de la vie, des immondices, des poussières, des crasses, au milieu desquels nous vivrions si nous ne les enlevions pas.

Enfin *le Sol*, qui est d'abord le substratum de notre existence, le fonds nourricier de notre vie, est au point de vue spécial de la salubrité : d'une part, le conservateur et le pourvoyeur de calorique; d'autre part, l'épurateur des déchets de la vie.

L'homme sain exerce pleinement sa vie et entretient parfaitement sa santé (question de régime à part) quand il se trouve dans un milieu où l'air, la lumière, la chaleur, l'eau et le sol accomplissent les rôles que je viens de vous signaler. Ce milieu, Messieurs, on le rencontre dans la vie des champs, dans la vie dispersée en plein air, au milieu des effluves embaumées de la végétation, à la surface d'un sol déclive, perméable et poreux. Mais à côté des champs, où les grands facteurs unissent leurs actions favorables, il y a ce qu'a fait la civilisation. Il y a les villes, les grandes cités modernes, sortes d'amassements de vies humaines dans des espaces restreints. Il y a des logements pleins, pressés les uns contre les autres, des maisons à parois minces percées de nombreuses baies, des constructions hautes, des rues étroites, un sol calfeutré, pour ainsi dire hermétique. Ah! là, ce n'est pas comme aux champs. Dans ces grandes agglomérations, le milieu est abîmé, l'air est vicié, la lumière est amortie, le calorique est mal attribué, le sol est destitué de son rôle épurateur et la saleté séjourne.

Pourtant l'homme se fait à de pareilles conditions. Nous tous, citadins que nous sommes, nous nous côtoyons, nous nous pressons les uns contre les autres dans nos étroites villes; et, dépourvus des bienfaits du plein air, nous développons dans nos labeurs et nos loisirs une capacité vitale étonnante. Pour cela, nous nous *accom-*

modons, nous nous *adaptons;* ce sont les termes de la science. Mais ce n'est pas sans sacrifices que nous y parvenons. Qu'est-ce que cette décoloration de la peau, ces appétits ruinés, ces consomptions du corps, et par suite ces excitations nerveuses, ces fièvres de la pensée, ces volubilités d'opinions, ces avalanches de mots creux qui font si souvent nos disputes? Qu'est-ce, sinon le tribut que notre santé paye à la vie urbaine. Et qu'est-ce que ces vacances, ces villégiatures, ces stations balnéaires, ces courses à la mer, auxquelles nous aspirons sans cesse à la ville, sinon la marque du dommage que nous y subissons. Disons, Messieurs, que l'homme s'accommode à la vie des cités; mais il ne le fait qu'à la condition d'y sacrifier une *partie de sa santé*. Cela est d'ailleurs prouvé par toutes les statistiques : on meurt plus à la ville qu'à la campagne.

Eh bien, le problème de la salubrité dans les villes, c'est de combattre l'amoindrissement de santé qui nous y menace, c'est d'y limiter la viciation de l'air; d'y limiter l'amortissement de la lumière; d'y limiter la mauvaise attribution calorique; d'y limiter la rareté de l'eau, et d'y reconstituer l'épuration du sol. Cette tâche incombe pour la plus grande part à l'architecte. Montrer comment il peut et doit l'accomplir est le but que je vais essayer d'atteindre dans cette séance.

Pour voir clair dans la solution du problème, il faut d'abord retourner à la nature, l'interroger, reconnaître comment les choses se passent chez elle, au milieu de ce summum de salubrité dont je vous entretenais à propos de la vie des champs. — Que se passe-t-il là?

L'Air. — Parlons d'abord de l'air. Je ne vous apprendrai rien en vous disant que l'air est presque entièrement composé d'oxygène et d'azote, et qu'il existe dans ce mélange quelques millièmes d'acide carbonique et de petites proportions d'eau. Vous savez peut-être aussi qu'on y découvre les traces d'un corps carboné et hydrogéné assez mal défini. Vous avez même entendu parler, j'en suis sûr, des myriades de corpuscules vivants, d'animalcules microscopiques qui voyagent incessamment dans l'atmosphère autour de nous. Mais voici un fait sur lequel j'attire particulièrement votre attention : ces animalcules qui habitent l'air, nous les inspirons à chaque instant et continuellement; ils pénètrent en nous, et, chose singulière, ils n'en sortent pas, au moins par les voies qui leur ont donné l'accès; si bien qu'on peut dire que l'air que nous respirons aux champs ingère dans nos poumons des quantités considérables de microbes. C'est le nom que la science donne aux animalcules microscopiques. Mais, puisque nous ingérons des microbes dans les meilleures conditions de salubrité, n'est-ce pas évident qu'ils ne sont pas méchants; n'est-il pas même très possible qu'ils soient favorables à notre existence? Et si ce bienfait n'est pas prouvé, nous devons au moins admettre que nous pouvons impunément respirer de l'air qui contient des microbes. Cela ne veut pas dire que l'air ne puisse pas être le véhicule et le lieu de multiplication de certains germes qui engendrent les maladies; mais quand ces germes malfaisants sont dans l'air, c'est que l'air est infecté.

Dans une atmosphère salubre et libre, les poumons ingèrent incessamment de l'air sain. Cela ne serait pas si nous vivions immobiles dans une atmosphère immobile; car, après une première inspiration salutaire, l'air vicié que nous rendrions serait repris par une inspiration seconde. Mais les choses ne se passent jamais ainsi. Quand nous marchons, cela est évident : l'air inspiré n'est jamais pris au lieu où vient d'être restitué l'air expiré. C'est la conséquence de notre progression dans l'espace. Lorsque nous sommes au repos, un autre phénomène vient offrir de l'air pur à nos voies respiratoires. Notre corps produit plus de chaleur qu'il n'en faut pour entretenir les actions vitales de l'organisme; c'est sa condition physiologique d'en rayonner autour de lui. Ce calorique n'est pas perdu, tant s'en faut. Il échauffe l'air ambiant; et celui-ci, réduit de densité, monte, tandis qu'il est remplacé par de l'air plus lourd et plus froid venu d'en bas. Il se fait ainsi autour de chacun de nous une montée d'air continue qui emporte nos expirations malsaines et qui apporte aux orifices respiratoires de l'air neuf. D'ailleurs, Messieurs, il y a toujours dans l'air des déplacements horizontaux; car il n'existe nulle part d'atmosphère absolument immobile. Les courants ascendants que notre rayonnement calorifique entretient autour de nous sont rencontrés par les transports horizontaux issus des vents; les pluies vont à la traverse, il se fait des brassages généraux qui mêlent l'air vicié des villes à l'air oxygéné des forêts. Les germes malsains, qui sont des produits citadins, trouvent leurs destructeurs dans ces vastes pérégrinations atmosphériques. Tout s'épure, tout se régénère dans la nature; et lorsque, après le parachèvement de la grande évolution annuelle, le printemps arrive, que la terre est chaude au corps et l'air frais aux poumons, c'est la souveraine salubrité qui règne autour de l'homme.

La Lumière. — Dans la vie en plein air, notre corps est soumis à la lumière de tous les côtés à la fois. Il ne la subit en général pas également, la face tournée au soleil en recevant beaucoup plus que celle qui en est abritée. Sous un ciel pur, dans une atmosphère sèche, la différence est énorme. Nous sommes éblouis, nos yeux souffrent en face du foyer lumineux, ils ne retrouvent le calme d'une franche vision que du côté opposé où la lumière s'est répandue en surface. Quand des nuages argentins voyagent entre le soleil et la terre, le manteau humide qui nous enveloppe est partout également lumineux et nous sommes agréablement baignés d'un jour où chaque objet nous paraît clair, limpide, coloré. Alors l'œil s'exerce en tous lieux avec franchise et bonheur, tandis que notre organisme recueille les multiples et réconfortants bienfaits de la lumière. Retenons, Messieurs, qu'en plein air, le ciel lance de toutes parts sur nous l'infinie variété de ses traits lumineux.

La Chaleur. — Le calorique de la nature nous est attribué par un procédé analogue. Le foyer est encore le soleil; et comme dans le cas précédent, un intermédiaire nous en fait la répartition. Mais cet intermédiaire n'est plus le même. Pour l'éclairement, c'était la surface enveloppante du ciel, maintenant c'est le sol avec tous ses reliefs. C'est là que le soleil emmagasine ses calories bienfaisantes, et c'est de là qu'elles rayonnent sans cesse sur nous à l'avantage de l'équilibre thermique de nos corps. On croit généralement que nous devons à l'air le calorique nécessaire à cet équilibre. C'est une erreur : l'air n'est qu'un perturbateur de la température normale du corps; et, si celle-ci n'avait pas d'autre garantie que l'air, elle subirait sans répit des alternances qui seraient la ruine de notre santé. L'air excite, il est vrai, nos résistances physiologiques, quand il nous blesse par un degré thermique excessif; il nous repose, il est vrai, quand son contact est une caresse de température modérée. Mais ce qui caractérise son influence thermique sur nous, c'est l'irrégularité et l'imprévu. Aussi rien n'est-il plus contraire à la constance de température du corps que le contact de l'air, et c'est avant tout pour cela que nous nous couvrons de vêtements. Remarquez d'ailleurs, Messieurs, que, dans les climats les plus favorables à la vie active et productive, l'air est toujours à une température inférieure à celle du corps; ce qui veut dire que celui-ci y chauffe toujours l'air ambiant à ses dépens et qu'il fournit à cet effet des quantités de chaleur variant avec la température atmosphérique. Vous voyez qu'il ne faut absolument pas compter sur l'air pour régler et entretenir notre chaleur physiologique.

Ce rôle appartient exclusivement au sol avec ses reliefs. Il rayonne en permanence sur nous le calorique qu'il porte en lui. Le sol en cette fonction n'a pas besoin d'être pourvu d'une température très élevée pour nous assurer une protection suffisante. Il agit efficacement sur nos corps, non parce que son degré thermométrique est élevé, mais parce que sa surface est très développée autour de nous. En réalité, le sol est un ample volant calorifique de médiocre température.

Comment le sol s'approvisionne-t-il de la chaleur nécessaire au fonctionnement que je vous décris? Il me serait difficile de vous l'exposer complètement dans cette séance, mais je puis vous en donner une idée générale.

Le soleil répand sans discontinuité ses calories sur notre globe tournant. Pendant le jour, elles se logent dans le sol, d'où elles s'échappent en partie pendant la nuit pour se disperser dans l'espace. Cette alternance périodique de gain et de perte se reproduit d'un bout à l'autre de l'année avec des intensités et des avantages très divers à la surface de la terre. Il y a des contrées où le sol s'échauffe trop, d'autres où il s'échauffe trop peu, d'autres où il s'échauffe convenablement. Aux latitudes tempérées où l'homme a fixé ses grands centres de civilisation, le soleil fait encore parvenir au sol d'autres provisions de chaleur. Mais il se sert pour cela de voies moins directes. Le long de l'équateur, il transforme d'immenses quantités d'eau en vapeurs que les vents amènent sur nos contrées moins ensoleillées. Elles s'y répandent en pluies et restituent à la terre les calories qui les avaient formées. Aussi, dans ces contrées de prédilection, la chaleur directement rayonnée par le soleil sur le sol et celle qu'y apportent les pluies font-elles une provision suffisante pour garantir l'homme contre les injures de l'hiver. Et voilà comment le sol devient le régulateur qui garantit notre équilibre thermique.

L'Eau. — Les pluies sont doublement bienfaisantes. Non seulement elles chauffent le sol, mais, en se répandant à sa surface, elles se ramassent, d'une part, en cours d'eau, aux bords desquels se développent les villes, et pénètrent, d'autre part, les terres pour s'épurer des poussières de l'atmosphère et s'échapper ensuite en sources limpides et claires. Ici et là, l'homme trouve les réserves nécessaires à la salubrité des milieux qu'il occupe.

Le Sol. — J'ai montré plus haut comment le sol est le régulateur naturel de la température du corps. Je dois encore vous expliquer le rôle d'épuration qu'il remplit autour de nous. Toutes les fois qu'une immondice organique est déposée sur le sol, elle subit sous l'action météorologique le traitement suivant : les pluies la dispersent, la dissolvent ou l'entraînent par petites parties. Celles-ci pénètrent avec l'eau dans le sol et s'y ramifient en cheminements extraordinairement tenus. Quand la sécheresse vient, l'air pénètre à son tour le sol, et ses molécules d'oxygène s'emparent une à une de toutes les molécules oxydables de l'immondice diluée. Les nouvelles combinaisons se fixent au sol ou se portent sur les végétations qu'elles multiplient et amplifient, tandis que le résidu liquide devient de l'eau absolument épurée. Celle-ci descend à la nappe souterraine qui voyage et émergera plus loin en source limpide. Ainsi le sol se fait l'épurateur des déchets de toutes les existences animales.

II

Vous voyez, Messieurs, comment les cinq facteurs de la salubrité fonctionnent autour de nous à la campagne. Je veux maintenant vous transporter à la ville. — Qu'y devient le milieu de salubrité?

L'Air à la ville. — Remarquons d'abord qu'en nous installant dans nos maisons, nous ne pouvons pas songer à nous enfermer hermétiquement. La petite portion d'atmosphère qu'elles enclosent y deviendrait promptement mortelle. Elle veut être sans cesse renouvelée, ce qui implique qu'elle soit en communication permanente avec l'extérieur. Malheureusement, en s'abritant, l'homme compromet ses capacités de résistance; il en perd la majeure partie dans l'habitude du bien-être. Il commence par se garantir des grandes tourmentes de l'atmosphère; il finit par ne plus en supporter les moindres perturbations. Il se complaît de plus en plus dans ses abris et s'y calfeutre chaque jour davantage. Si bien que, si l'expérience et la science ne réagissaient, il en arriverait de lui-même à consumer sa vie dans des réduits sans air. Réfléchissez d'ailleurs, je vous en prie, à ce que sont nos maisons avec leurs étages, leurs doubles profondeurs, leurs appartements encombrés de cloisons et la condition faite à chaque pièce de n'y trouver communication avec l'atmosphère extérieure que par une seule face accédant sur une rue ou une cour sans largeur; pensez enfin à l'énorme population qui se presse dans les grandes villes, à l'espace limité dont dispose chaque habitant, et vous comprendrez combien doivent être surveillées les ressources qui y sont réservées à l'aérage des habitations.

Il y a là, Messieurs, des problèmes d'une grande complexité pratique et de la solution desquels dépend non seulement la salubrité de l'air que nous respirons chez nous, mais aussi la salubrité des matériaux qui nous y entourent. Si l'atmosphère extérieure n'entre pas franchement dans nos chambres, si nos murs eux-mêmes ne se laissent pas pénétrer par elle, en même temps que l'air vicié par notre séjour les traverse en sens inverse, les locaux s'infectent, nos corps s'étiolent et la maladie nous surprend. Mais les précautions qui éviteront de pareils maux dans nos maisons commandent des choix et des agencements de matériaux que l'instabilité atmosphérique et la pénurie d'espace rendent très difficiles. Dans les grandes villes où les dangers croissent avec la densité des populations, les dispositions les mieux appropriées ne seront malheureusement jamais que des solutions approximatives. C'est la raison qui impose à leur étude l'attention la plus sévère et à leur application les soins les plus minutieux. Le problème est, il faut le reconnaître, tout moderne. Ce sont les grandes agglomérations qui le posent, et l'urgence est pressante pour l'art de les protéger contre les maux qu'elles portent naturellement en elles. Je ne puis songer à vous montrer aujourd'hui les points défaillants de nos pratiques journalières et à vous indiquer les remèdes qu'il faut apporter dans l'aération de nos logements. Mais ne voyez-vous pas clairement que c'est l'architecte qui occupe ici la scène et que c'est lui qui doit l'ordonner et la conduire? . . . .

La Lumière à la ville. — Nous avons vu que, dans la vie de plein air, la nature nous enveloppe de lumière. Il n'en peut pas être ainsi dans la maison de ville. Ici, ce n'est qu'une portion, et une très petite portion du ciel qui fera pénétrer ses ondes lumineuses dans nos chambres, puisque ces chambres sont abritées à la partie supérieure et entourées latéralement sur trois faces par des clôtures opaques, tandis que la quatrième face n'est que partiellement percée par les fenêtres. Et ce n'est pas tout. Considérez, je vous en prie, le lieu auquel ces fenêtres pourraient puiser leur lumière : c'est la *moitié* de la calotte céleste de o degré à 90 degrés, et cette moitié est elle-même obstruée dans sa majeure étendue par la maison qui borde, sur le côté opposé, la rue plus ou moins étroite, mais toujours profonde. N'êtes-vous pas frappés des misérables ressources auxquelles on pourra recourir pour alimenter nos fenêtres de lumière? Elles se réduisent à la maigre embouchure béante entre les maisons sur le ciel. Je pourrais vous expliquer qu'à cet égard le mal n'est pas aussi grand qu'il paraît tout d'abord; que la lumière prise à l'horizon est pauvre, parce qu'elle s'éteint à travers les poussières toujours abondantes au voisinage du sol et qu'en face les maisons ne suppriment guère qu'un éclairage sans vigueur. Et de cette considération, je pourrais tirer les données positives d'un éclairage propice dans nos appartements. Je vous montrerais comment nous devons nous approprier la lumière que le ciel nous ménage entre les crêtes des constructions; comment, à cet effet, l'épaisseur des maisons commande l'élévation des haussures [1] des fenêtres et la hauteur des étages; comment la hauteur des étages en commande le nombre, et comment ce nombre commande la largeur des rues. Je vous dirais que la lumière qui fait la santé pénètre toujours par la partie haute de nos fenêtres et qu'il est pernicieux de lui barrer le passage précisément à cet endroit, comme vous le faites, Mesdames, dans vos apparte-

[1] La haussure est la rive supérieure d'une baie d'éclairage.

ments. Avec l'aide de quelques épures fort simples, vous comprendriez qu'il n'est pas besoin de demander beaucoup de sacrifices aux citadins rapprochés par les nécessités des plus actives concurrences pour doter leurs habitations d'éclairages copieux et salubres. Mais tout est à faire de ce côté; tout, y compris la ruine des habitudes et des préjugés. Nous n'en sommes encore qu'à l'espérance de voir l'attention se fixer sur la détresse de lumière qui pèse sur les habitants des villes. C'est ce à quoi je me borne aujourd'hui en vous rappelant que la lumière propice à la santé est la lumière venue directement du ciel, et en vous citant trois chiffres. Il y a à Paris environ 100 millions de mètres superficiels de planchers habités ou habitables; sur ces 100 millions de mètres, il n'y en a pas 15 millions sur lesquels l'occupant trouve le bénéfice immédiat de la lumière du ciel. Il y en a 70 millons qui ne reçoivent que de la lumière une, deux ou trois fois amortie sur les murailles voisines, et 15 millions sur lesquels il n'arrive que les pâles reflets d'une lumière quatre ou cinq fois arrêtée, ou pas même une lueur. Comment la vigueur du corps se ferait-elle dans de pareilles conditions d'existence? Et comment s'étonner de la haute mortalité parisienne? Mais aussi quels signes que ces chiffres et comme ils font bien comprendre ce qu'il faut faire, ce que l'architecte doit s'efforcer de réaliser!

La Chaleur à la ville. — Si nos maisons étaient construites selon les strictes exigences de la salubrité, si leurs murs avaient l'épaisseur suffisante pour emmagasiner la chaleur solaire sans se laisser traverser l'été, et pour la restituer à nos intérieurs l'hiver, on pourrait dire que, parmi les facteurs de salubrité naturelle, le calorique serait le seul qui ne s'altère pas à la ville. Mais il n'en est pas ainsi. Les minces enveloppes de nos habitations laissent passer les calories solaires qui viennent nous y incommoder pendant la saison chaude, tandis que, refroidies elles-mêmes à l'arrivée des froids, elles prennent et consomment la chaleur corporelle que nous voudrions conserver en nous abritant. Un pareil régime menace gravement notre bien-être et notre santé, et nous sommes condamnés à nous défendre par des chauffages intérieurs. Malheureusement, ces artifices nécessaires sont en général conduits sans discernement et très souvent deviennent plus pernicieux dans leurs effets que ce qui les motive. Je voudrais vous le faire comprendre. Quelques mots me suffiront. Presque tous les chauffages de nos habitations, je devrais dire tous, sont disposés de façon à en chauffer l'air et à charger cet intermédiaire de restituer à nos corps la chaleur qui leur est soustraite par des murs froids. Or, l'air est un mauvais véhicule de calories. Il faut élever fortement sa température pour qu'il paralyse sensiblement les radiations refroidissantes qui nous enveloppent. On y parvient très mal, et nos intérieurs sont presque toujours, l'hiver, des locaux où l'on ne ressent aucun des bienfaits de la chaleur tout en se plaignant d'avoir trop chaud. Le fait est qu'on y respire de l'air chaud, ce qui est pénible et nauséant, tandis qu'on manque de chaleur à la peau. J'ai l'habitude de décrire cet état fort désagréable en deux phrases : « On éprouve le besoin de déboutonner son gilet pour mieux respirer, et on cherche son pardessus pour se réchauffer. » C'est ainsi qu'à la ville nous compromettons nos fonctions respiratoires en protégeant très mal la température physiologique de nos corps, et nous abîmons d'un seul coup deux facteurs de salubrité, l'air et la chaleur.

Cela ne montre-t-il pas la nécessité de changer nos habitudes et les pratiques qui les servent? L'air que nous respirons doit rester froid; c'est la condition de salubrité. Le milieu que nous habitons ne doit pas troubler la température de notre corps; ses parois ne doivent rayonner sensiblement sur nous ni froid ni chaud. Ce sont deux résultats qui ne peuvent être obtenus que par deux opérations distinctes. Je vous ai déjà décrit la première, c'est l'aérage exclusivement alimenté par l'atmosphère libre de l'extérieur. La seconde doit agir uniquement sur les parois de nos appartements pour leur assurer une température telle que celle de nos corps n'en soit pas affectée. Strictement parlant, cela voudrait dire que nos murs trop minces devraient être chauffés en hiver et refroidis en été. Nous supportons sans grand dommage de santé la trop forte élévation de température qu'ils subissent en cette dernière saison dans nos climats : les exigences de bien-être ne nous ont pas encore commandé d'autres précautions à cet égard que les garanties que nous prenons journellement contre l'introduction des rayons solaires dans nos chambres pendant les mois chauds. Nous ne négligeons pas alors de fermer nos persiennes, nos volets ou nos rideaux. L'hiver, il n'en est pas de même : nos murs refroidis nous refroidissent de toutes parts. Il faut, par un artifice spécial, les réchauffer. C'est une précaution indispensable, car il n'est pas possible de maintenir la température physiologique du corps entre des murs froids [1]. Cette considération est capitale. Elle doit servir de principe fondamental et de guide invariable à tout chauffage d'habitations. On est loin de se placer à ce point de vue dans les installations si diverses et souvent si incohérentes auxquelles donnent lieu les chauffages des édifices privés ou publics. La salubrité commande ici des améliorations dont l'urgence sollicite la hâtive intervention de l'architecte.

L'Eau à la ville. — Plus les villes sont grandes et populeuses, plus elles se salissent. Plus elles se salissent, plus leur nettoyage doit être actif, régulier et complet. Et comme il n'y a que l'eau qui soit un nettoyeur efficace des saletés humaines, il faut consommer beaucoup d'eau pour assurer la propreté des grandes villes. Mais cette consommation croît bien plus vite que le nombre des habitants. Je veux dire que si une quantité d'eau représentée par 1 suffisait à une ville de 100,000 âmes, une quantité 2 ne suffira pas à la salubrité de cette ville accrue à 200,000 âmes;

[1] Il est entendu que l'on parle ici du corps vêtu selon les exigences communes de la vie active et qu'il n'est pas question d'une personne qui se serait enveloppée de multiples couvertures.

il en faudra une quantité 4. C'est que, plus les hommes s'agglomèrent, plus chacun d'eux est actif, plus il use de matières, plus il fait de poussières, de boues et de crasses; et plus aussi, tous ensemble, ils contaminent leurs milieux et ouvrent les portes aux maladies.

Mais l'abondance de l'eau ne suffit pas à la propreté d'une ville. Si l'on ne règle pas son débit de façon qu'elle agisse mécaniquement sur les surfaces qu'elle doit nettoyer, on perdra les neuf dixièmes de son effet utile. L'eau de nettoyage doit heurter les boues, les crasses, les dépôts pour les entraîner avec elle. Pour cela, il faut l'employer par fouet et par *chasse*, à la *lance* et par soudaine et volumineuse intermittence. Ces procédés tout modernes sont aujourd'hui soigneusement pratiqués par nos administrations publiques. Nous avons à Paris d'immenses magasinages d'eaux de rivières, montées par de puissantes machines dans de nombreux réservoirs d'où rayonnent les conduites qui courent sous les chaussées et dans lesquelles puisent tous les opérateurs de nettoyage par l'eau. Ainsi sont préparées pour *l'égout* toutes les eaux salies par le lavage des voies et places publiques; ainsi se trouve servie la propreté du territoire commun de la grande cité; opération chaque jour plus compliquée et commandant chaque jour aux ingénieurs des moyens plus onéreux et des soins plus minutieux.

Voilà le service des lavages publics. Il est correctement installé. Mais cela ne suffit pas, à beaucoup près, à assurer la propreté du milieu parisien. Les maisons ne sont pas nettoyées; elles gardent longtemps leurs déjections dans les fosses qui leur servent de magasins. Les appartements et les logements sont constamment contaminés par les détritus et les saletés de cuisine; par les poussières et les crasses qui s'attachent aux murs, aux parquets, aux meubles, aux tentures; surtout par les obturateurs compliqués qui ferment les cuvettes des cabinets d'aisances. Il y a là toute une suite de sources nosogéniques, qui, malgré les apparences, diminuent la santé et appellent des installations spéciales. C'est toute une révolution préparée qui accroîtra considérablement la salubrité urbaine et dont les architectes ont désormais la responsabilité.

Mais les lavages produisent d'autant plus d'eaux sales qu'ils sont plus complets. Et comme le fleuve occupe les points les plus bas de la ville où naturellement descendent ces eaux sales, on voit la pollution croissante qui menace le cours d'eau et les protections qu'elle commande. Quelque complètes que soient celles-ci, ce n'est pas à l'eau du fleuve qu'il faut recourir pour servir la table et la cuisine des habitants. On doit ici rencontrer une sécurité absolue. Les hygiénistes exigent avec raison que des sources lointaines, pures et fraîches répondent à ce besoin. Paris est déjà pourvu de longs aqueducs qui y amènent journellement des bords de la Champagne plus de 120,000 mètres cubes de bonne eau de boisson. Cette alimentation sera doublée dans trois ans par de nouvelles sources recueillies en Normandie. Il est très probable qu'alors on verra s'éteindre la fièvre typhoïde, qui est si ruineuse pour la population et qui diminue à mesure qu'on boit moins d'eau de rivière.

Le Sol à la ville. — Le grand épurateur des immondices animales, le maître appareil d'oxydation naturelle fait défaut dans les villes. Le sol poreux des champs y est remplacé par la masse des constructions et par la croûte hermétique des chaussées. Les détritus de la vie y sont condamnés, s'ils y séjournent, à la pourriture et à l'infection. Il faut les enlever, les exporter; c'est ce qu'on s'est de tout temps efforcé de faire au mieux. Mais les lieux d'écoulement (rivières) ou les lieux de dépôts (dépotoirs) restent des centres infectés et infectants dont le voisinage est pernicieux. Il appartenait à notre époque de fermer cette plaie hideuse des villes. Le remède est simple. Il consiste à substituer au sol imperméabilisé de la cité un sol poreux choisi dans le voisinage, à y conduire sans délai tous les résidus liquéfiés de la maison et de la rue et à les y répartir pour en assurer l'immédiate oxydation. Cette conquête est faite : ce n'est que la répétition systématisée et concentrée en un grand laboratoire humain des procédés naturels que je vous signalais dans la vie des champs. La science a expliqué comment l'eau sale des égouts qui court dans les rigoles d'une terre poreuse s'y disperse en cédant à l'oxygène souterrain tous ses éléments susceptibles d'oxydation ou de fixation dans des combinaisons stables; comment la végétation s'empare avidement de tous les éléments assimilables qui caressent ainsi ses racines; et comment à travers ces multiples réactions, l'eau dépouillée de ses pollutions premières va pleurer limpide et pure dans la nappe sous-jacente. L'expérience a montré les magnifiques résultats obtenus dans les champs de Gennevilliers, qui épurent aujourd'hui le quart des immondices liquéfiées de la capitale et qui sont en même temps une contrée de merveilleuse salubrité et d'exubérante production agricole. Un pareil service, Messieurs, ne peut fonctionner qu'à l'aide d'installations imposantes. Outre les appareils de lavage des maisons et des voies publiques qui préparent les eaux d'égout, il faut des galeries placées sous les rues pour capter et conduire ces liquides, de vastes collecteurs pour les faire sortir du territoire urbain, des machines pour les élever sur les champs, des réseaux tubulaires pour les y distribuer. En vous signalant tout cela, j'achève l'esquisse du nettoyage méthodique d'une grande ville. On peut affirmer aujourd'hui que la santé urbaine est incessamment mise en échec dans toute cité où la propreté n'est pas assurée par l'ensemble de ces mesures : alimentation et distribution d'eau, appareils et services de lavage de la rue et des maisons, émission et dispersion aux champs d'épuration de toutes les immondices. Ce service est magnifiquement engagé à Paris par nos ingénieurs. Il n'existe pas de ville où le système opératoire soit mieux conçu. Mais nous avons à peine 900 kilomètres de galeries d'égout sur 1,100 qu'il nous faudrait, et 800 hectares de champ d'épuration quand le débit des eaux sales en exige 3,000. Ces lacunes seront prochainement comblées. Quelques années y suffiront, on peut aujourd'hui l'affirmer, et nous aurons alors la capitale le mieux protégée contre les multiples contaminations qui menacent la santé et l'existence des hommes dans les grandes agglomérations.

Je ne vous aurais pas parlé, Messieurs, avec cette assurance il y a quelques années; car le nettoyage méthodique des cités a dû vaincre des oppositions longues et violentes avant de se faire admettre, et ce n'est que d'hier que la victoire définitive lui est acquise. L'histoire des luttes qu'il a traversées ne peut trouver place ici. Toutefois je veux en marquer devant vous le caractère. Il se montre dans l'ardeur même du conflit. A côté des résistances que les habitudes, les préjugés et les intérêts d'industries froissées suscitèrent au système, plusieurs savants, parlant au nom de la prudence, élevèrent contre lui des soupçons que ne pouvait subir une réforme faite pour servir la santé publique. Au lieu de supprimer les causes des maladies, les exportations des eaux résiduaires et leur épandage sur des champs d'épuration colporteraient les maladies, disaient-ils. La démonstration s'est faite par l'expérience et par l'expérimentation. Le succès est acquis, la conquête éclatante. Non seulement on s'est mis d'accord, mais on peut dire que si le *tout à l'égout* et l'*épandage* sont accrédités maintenant sans restrictions auprès de toutes les compétences, c'est qu'ils ont réduit une à une les objections que la science a pu leur faire. Aussi l'hygiène doit-elle une part de reconnaissance à l'opposition qui, tout en retardant les grandes applications du nettoyage méthodique des villes, a forcé le système à devenir évidence.

Mais, Messieurs, dans cette mémorable campagne de vingt ans, comment omettrais-je de vous nommer le héros qui a mené le combat jusqu'à la victoire? C'est Alfred Durand-Claye, le créateur de Gennevilliers. Nous le pleurons, hélas! Il est mort en pleine action, à la veille du triomphe qu'il avait préparé. Le Conseil municipal a décidé de donner son nom à une rue de Paris [1] et les hygié-

[1] Cette décision a été mise à exécution.

nistes de tous les pays vont lui élever un monument au seuil même de son beau champ d'épuration.

Je vous ai montré, Messieurs, ce qu'était la mise en état de salubrité d'une capitale. Songez, je vous y engage, à ce qu'est et à ce que vaut une capitale, au rôle qu'elle accomplit dans l'État, aux immenses forces nationales qu'elle concentre, à l'intensité des efforts qu'elle suscite, à l'énergie de production qu'elle entretient, à la somme de travail de corps et d'esprit qu'elle dépense, au nombre de vies qu'elle consomme, à la puissance d'entraînement qu'elle exerce, à la poussée de civilisation qu'elle effectue. Rappelez-vous à quel degré d'agglomération elle condamne ses habitants; combien elle malmène leurs existences; combien y sont réduites les sources naturelles de la santé; combien il est difficile de parer à cette lamentable condition, et combien il est urgent d'y travailler sans cesse. Remarquez que cette tâche lourde et belle appartient en parts égales à l'ingénieur et à l'architecte. On voit le premier fortement engagé dans l'opération générale qui lui incombe, et déjà le territoire commun de la ville est assuré d'un parfait nettoyage. L'œuvre du second est encore tout entière à faire : la maison reste sale ou malsaine. Je sollicite ici l'architecte; je l'adjure d'y faire la salubrité. Il n'est que temps pour lui de suivre l'exemple de l'émule qui a pris l'avance sur lui.

www.ingramcontent.com/pod-product-compliance
Lightning Source LLC
LaVergne TN
LVHW010258230826
846091LV00007B/3038